L'ÉCHO DES MODES.

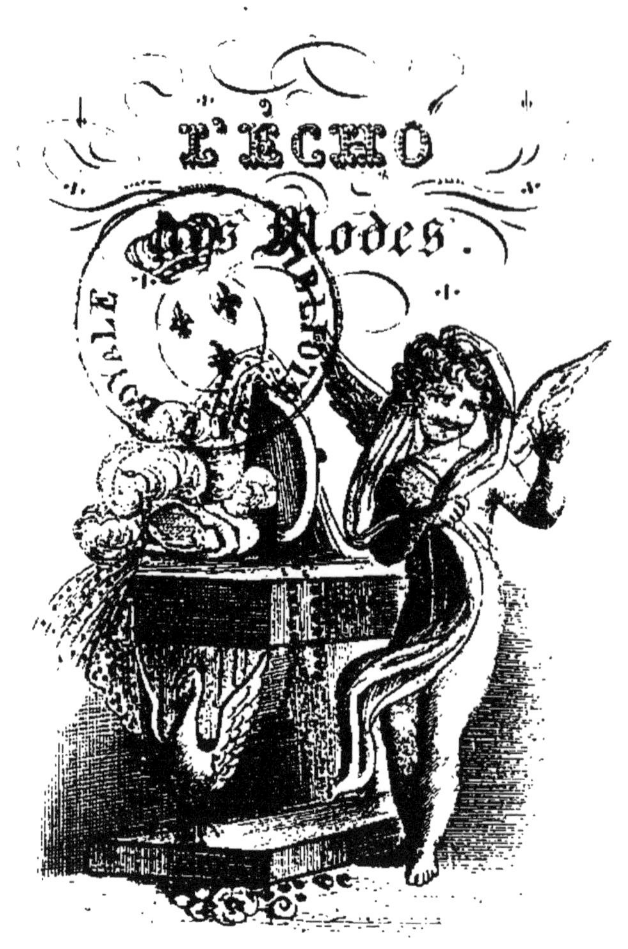

PARIS,

Chez Marcilly, Rue S.ᵗ Jacques, N.º 21.

L'ÉCHO DES MODES.

La Mode.

Mère de la riche industrie,
Parcourant la terre et les eaux,
C'est toi qui vas porter la vie
Chez cinquante peuples rivaux.
Bien moins fécond est le Potose ;
Inépuisable est ton trésor.
Merveilleuse métamorphose !
Par toi le clinquant devient or.

C'est peu ; le dieu de la tendresse,
Le plus puissant des immortels,
Sans ton ingénieuse adresse,
Verrait déserter ses autels ;

1

Près de lui tu mets l'inconstance
Pour aiguillonner le désir;
L'amour, grâce à ta prévoyance
Peut éterniser le plaisir.

Mondor avait peu de génie,
A sa suite on voyait l'ennui;
Sur ton autel il sacrifie,
Et les ris volent après lui.
Améthyste, émeraude, agate,
Font qu'à vingt pas il éblouit;
Et tu places dans sa cravatte
Tous les trésors de son esprit.

Riche des dons de la nature,
Possédant jeunesse et beauté,
Aux ornements de la parure
Églé n'avait rien emprunté.
Le temps l'effleure de son aîle,
Elle a recours à tes apprêts,
Et, par tes soins, toujours nouvelle,
Églé du temps brave les traits.

Modèle de Beauté.

Chacun sait combien une grande bouche, un front rétréci, un nez épaté, défigurent une femme ! Dans la Vénus de Médicis, le visage n'est pas ce qui flatte le plus : c'est la noblesse de la taille, la richesse des contours, l'harmonie de toutes les parties du corps.

La tête doit être d'une forme presque ronde ; le front grand, ouvert, poli, bien arrondi ; les cheveux longs, épais, bien plantés, lisses, d'un beau noir de jais ou d'ébène ; les yeux bien fendus, noirs, châtains ou d'un bleu clair ; les sourcils doucement courbés en demi - cercle ; les joues fermes, vermeilles, d'un éclat doux et tempéré, ni trop plates, ni trop élevées ; les oreilles courtes, colorées d'un rouge léger ; le nez droit, bien affilé ; la bouche petite, bien coupée, et formant

par le sourire, sur chacune des joues, un
petite fossette, nommée Fossette des graces;
les lèvres ni trop grosses, ni trop grèles
d'un rouge humide ; les dents blanches, pe-
tites, égales, bien arrangées; le menton rond
et fourchu; le cou droit, plein de chair, un
peu long, et sa peau blanche, délicate et
gracieuse; les épaules moins larges que les
hanches; les bras ronds, fermes et blancs;
les mains un peu longues et déliées, les doigts
arrondis, rouges vers les ongles et menus par
le bout; la taille fine et dégagée ; les jambes
déliées; enfin le pied petit, et ses doigts tel-
lement arrangés et inégaux, qu'il se termine
presqu'en pointe. Tel est le chef-d'œuvre de
la nature.

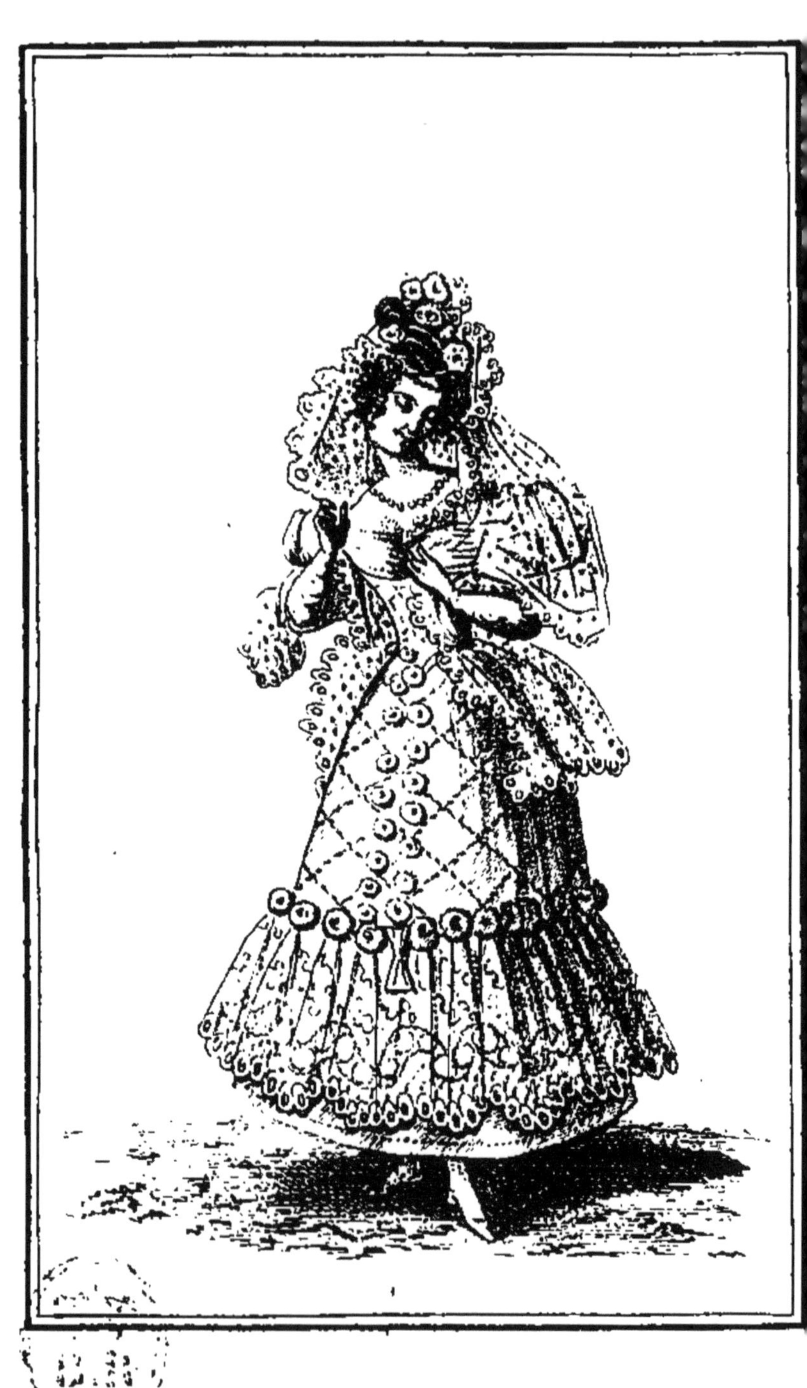

Les Voiles.

Air : De ma Céline amant modeste.

Pourquoi cacher votre figure,
Belles, sous de riches tissus?
Les doux attraits de la nature
Méritent bien d'être apperçus.
Contre l'amant qui suit vos traces
N'est-ce pas s'armer de rigueur?
Ah ! songez qu'il ne faut aux Grâces
D'autre voile que la pudeur.

Mais c'est en vain que sur vos charmes
Vous jetez un voile jaloux ;
L'amant qui vous rendra les armes,
Les devinera malgré vous.
Près de fleur qui n'est point éclose
Voyez venir le papillon :
Ne devine-t-il pas la rose
Sous l'enveloppe du bouton ?

Le Demi-Jour.

Air : J'aime ce mot de gentillesse.

Le demi-jour saura séduire
Toutes les belles en tout temps ;
Mais, parmi celles qu'il attire,
Combien de motifs différens !
Si parfois c'est la modestie
Qui résiste encor à l'Amour ;
Souvent c'est la coquetterie
Qui croit gagner au demi-jour.

Quand les appas d'une coquette
Nous font voir l'empire du fard,
Ceux de Myrthé, par trop discrète,
Se couvrent d'un triple-rempart ;
De la pudeur si les alarmes
Te font voiler roses d'amour,
Permets donc que, jusqu'à tes charmes
Pénètre au moins un demi-jour.

De la Beauté

CHEZ LES FEMMES.

La beauté reçoit des hommages univer-
sels. On dit que les Grecques sont belles; les
statues de la Grèce sont la beauté même : on
peut conclure de là qu'une cause du goût
exquis des Grecs pour le beau, était la
beauté supérieure de leurs femmes. Dans
toutes les grandes villes de l'Italie, surtout
à Rome et à Venise, on rencontre des
femmes qui sont supérieurement grandes,
sveltes, majestueuses; qui ont des traits
beaux et réguliers, des tailles parfaitement
bien faites. En France, rien n'est si rare
qu'une belle femme, mais les femmes jolies
s'y trouvent sans nombre. En Angleterre, il
y a plus de belles femmes que de jolies. En
Hollande, les femmes ne sont ni jolies ni
belles.

Les divers effets du Miroir.

Air : Dorilas contre moi des femmes.

Toi, dont la glace transparente
Sait, par un art ingénieux,
Des objets que l'on te présente
Retracer l'image à nos yeux,
De tout ce qu'offre la nature,
Miroir, tu nous peins les portraits ;
Du vrai, comme de l'imposture,
Tu sais reproduire les traits.

Souvent la timide bergère
Veut connaître aussi ses appas,
Et le miroir d'une onde claire
Les peint, et ne la trompe pas ;
Tandis que la glace infidèle
D'un miroir ingrat ou flatteur,
Parfois enlaidit la plus belle,
Parfois embellit la laideur.

La coquette au regard perfide
Près de son miroir complaisant,
Se forme dans l'art homicide
De blesser le cœur d'un amant.
Sous les plis d'un schall elle dresse
A l'amour des pièges secrets :
A son *miroir* sa main traîtresse
Chaque jour aiguise ses traits.

La beauté qui, déja fanée,
Veut cacher les rides des ans,
Par son miroir est condamnée
Aux froides rigueurs des amants ;
Mais, l'accusant de la disgrace
Dont ses charmes sont menacés,
Elle redemande à sa glace,
Ses traits par le temps effacés.

Du Coloris.

Un beau mélange de rouge et de blanc fondus ensemble, en sorte néanmoins que le blanc semble dominer, voilà la plus belle couleur de chair. La pudeur et la candeur donnent au coloris son vrai ton. L'incarnat qui doit colorer les joues, est celui qu'on admire sur le visage d'une jeune vierge.

Le coloris, loin d'être partout égal, doit avoir ses nuances et ses dégradations. Le vermillon des joues doit se blanchir vers le bas du visage. Le blanc du front, plus éclatant que partout ailleurs, brunira tant soit peu en approchant des tempes, où il paraîtra légèrement teint de bleu. L'incarnat des lèvres est celui d'une rose qui s'épanouit; le tour de la bouche doit être blanc comme de l'albâtre; c'est le seul endroit du visage où la couleur soit tranchée.

Le petit Bonnet.

Air : Vous avez connu, mes amis.

La fable nous dit que Pâris
Eut à juger trois immortelles ;
Mais le berger fut indécis ;
Toutes trois lui parurent belles.
Je gagerais bien que Cypris
Eût été cent fois moins jolie,
Si les déesses avaient pris
Le petit bonnet de Julie.

O vous qui voulez dans Paris
Faire tourner toutes les têtes,
Si vous suivez bien mon avis,
Nombreuses seront vos conquêtes.
Renoncez à ces vains atours,
Que fait naître la fantaisie ;
Et portez, pour plaire aux amours,
Le petit bonnet de Julie.

La petite Maîtresse.

Air : J'ai vu le Parnasse des Dames.

J'aime à dormir après l'aurore,
J'aime à coucher sur le duvet;
Au sortir du lit j'aime encore
A trouver mon déjeuner prêt.
Dans ce qui tient à la toilette,
J'aime beaucoup la nouveauté;
Mais quoiqu'on me trouve coquette,
J'aime à ménager ma santé.

J'aime à contempler la nature,
J'aime le retour du printemps,
J'aime les fleurs et la verdure,
J'aime à courir par le beau temps;
J'aime la bonne compagnie,
J'aime quelques joyeux couplets,
J'aime à sortir quand je m'ennuie,
J'aime à rester où je me plais.

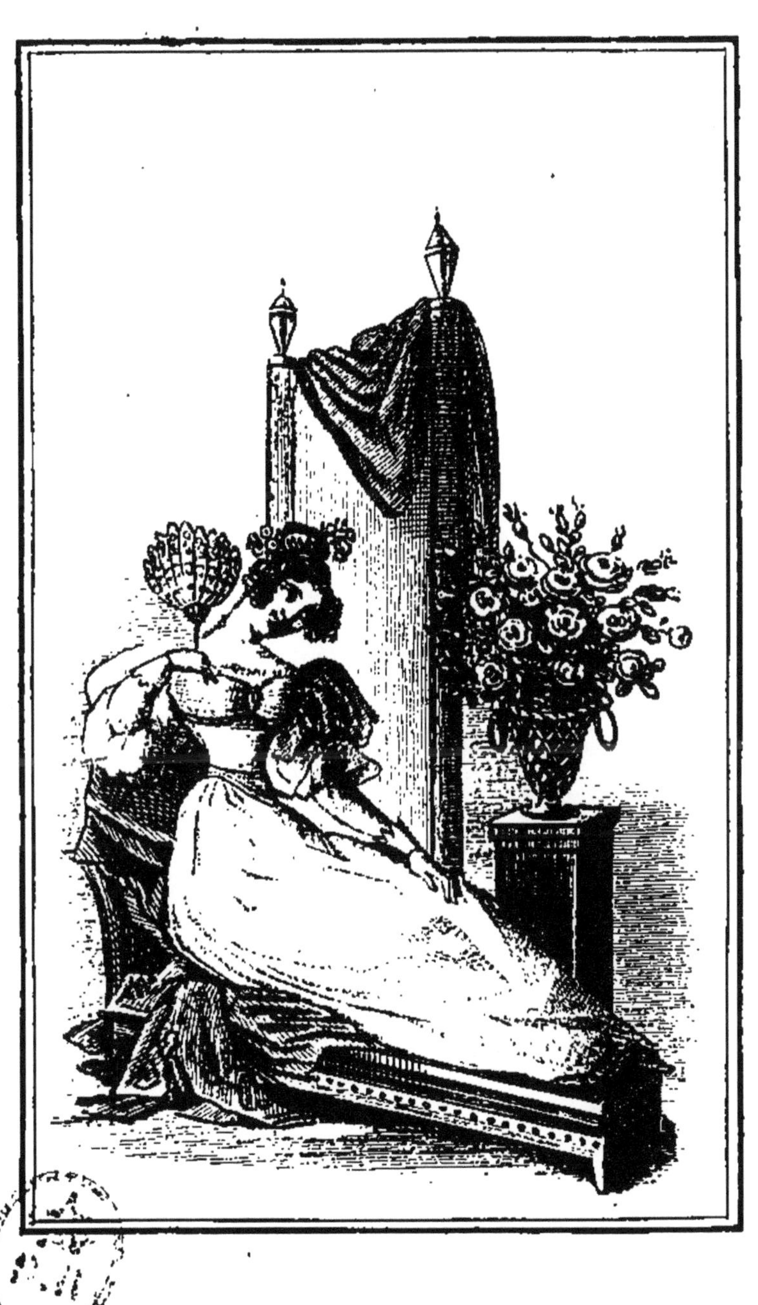

J'aime aussi la fraîcheur des roses ;
Mais sur mon visage surtout ;
J'aime encor beaucoup d'autres choses
Qui flattent mon cœur et mon goût.
Me dire que je suis cruelle,
C'est n'avoir pas le sens commun ;
J'aimerais un amant fidèle,
Si l'on pouvait m'en trouver un.

Beauté sans Art.

La beauté simple et naturelle
Plaît sans qu'on doive la parer ;
L'art pourrait la défigurer
En voulant la rendre plus belle.

Des Graces
CHEZ UNE FEMME.

Les graces suppléent à la beauté et se font mieux sentir qu'elles ne s'expriment. C'est un secret merveilleux, et une espèce de mystère dans la nature.

Une femme plaît. On parcourt en détail tous ses traits; elle n'en a pas un seul qui caractérise une beauté; cependant elle plaît. Elle plaît même davantage qu'une personne réellement belle.

C'est un don naturel, un je ne sais quoi. En un mot, elle a des graces; ces graces consistent peut-être dans un certain tour décent, aisé, naïf et vrai qu'elle donne à tout ce qu'elle dit ou fait.

La bouche est le siège des graces, et le souris est leur plus belle production. Il y a des personnes heureusement nées qui font tout avec grace.

Les Apparences.

Air : Voulant par ses œuvres complètes.

Dorval cache un cœur hypocrite
Sous un air de sincérité;
Lise, une tête décrépite
Sous un beau visage emprunté;
Damon voile son ignorance
D'un jargon qu'on appelle esprit.
Amis, maîtresse, tout vous dit :
« Défiez-vous de l'apparence.

Regardez la modeste Ursule,
Du haut en bas vêtue en noir;
De tout se fesant un scrupule,
Priant du matin jusqu'au soir :
Quel air de ferveur, de décence,
De sa vertu tout nous répond;
Mais on lit dans son œil fripon :
« Défiez-vous de l'apparence.

« Monsieur, ne pourriez-vous me dire
« Quelle est, dans ce char élégant,
« Cette femme que l'on admire,
« Dont le costume est si brillant ?
« Si l'on juge de sa naissance
« A cet air plein de majesté....
« — Elle est danseuse à la Gaîté ;
« Défiez-vous de l'apparence.

Au bal, on cite de Corine
Le sein dessiné par l'amour,
De Dorival la jambe fine,
Dont le mollet est fait au tour.
Mais pendant une contre-danse,
Le fichu s'ouvre, on voit.... du vent,
Et les mollets sont par devant....
« Défiez-vous de l'apparence.

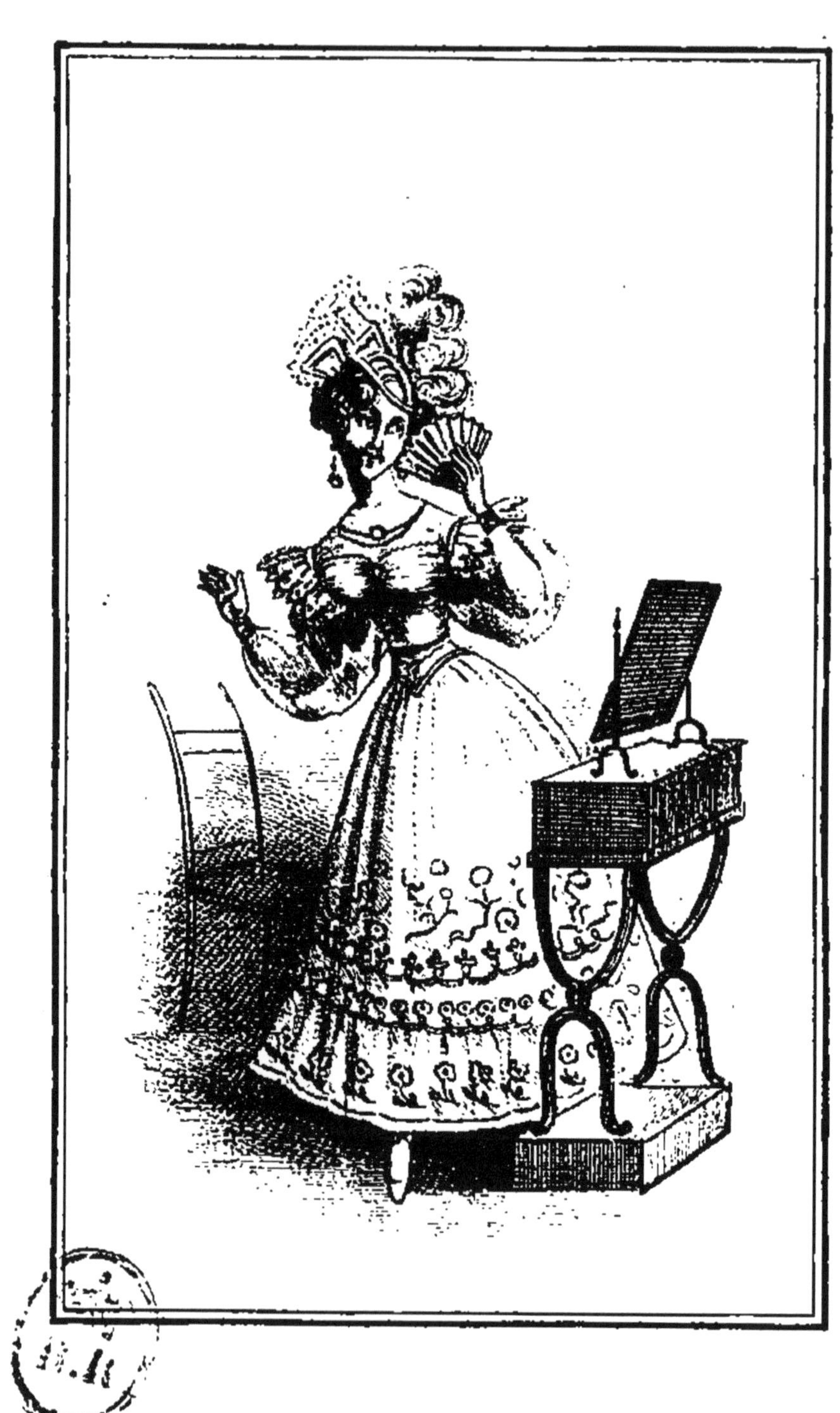

Le Miroir

A CINQUANTE ANS.

Cruelle et trompeuse Vénus,
Reprends ton miroir trop fidèle !
Hélas ! il ne m'entretient plus
Que des appas que j'ai perdus ;
En vain je redouble de zèle
Pour embellir encor mes traits ;
Cette adresse, à quoi me sert-elle ?
Qu'à découvrir le fol excès
De mes ridicules regrets....
La parure la plus nouvelle
Ne rajeunit point les attraits....
Souvenir amer ! je fus belle....
Reine des hommes et des Dieux,
Puisqu'enfin je ne puis plus l'être,
Ote-moi donc, si tu le peux,
Jusqu'au désir de le paraître.

2

Les Pieds.

Un joli pied est ce qu'il y a de plus aimable chez le beau sexe. Une femme sort le matin avec un petit bonnet de tulle et une robe à peine attachée, sans corset; elle met un grand schall dont elle s'enveloppe et se drappe avec art, mais sans faire mine d'y penser. Pourvu qu'elle ait à la jambe un bas fin et qu'elle soit chaussée d'un soulier délicat, chacun la regarde, l'admire, la suit, et dans sa course elle reçoit mille hommages. Prenez-la, couvrez sa tête d'un chapeau à plumes, que sa robe ait trente-six falbalas; si ses bas sont grossiers, si ses souliers sont mal faits, on la montre au doigt, on rit en la voyant. On a vu des femmes partir par un temps pluvieux, traverser toute la ville par

des rues sales, et rentrer chez elles sans avoir
une mouche. Les femmes Grecques avaient
une grande coquetterie pour leurs pieds; elles
les baignaient tous les jours dans une eau
parfumée. Ce sont les Parisiennes, qui, de
nos jours, ont, dans le monde entier, la plus
haute renommée pour les pieds mignons.

La jeune Fille et l'Épingle.

FABLE.

Babet revenant du moulin,
Sans songer à nulle aventure,
Trouve une épingle en son chemin;
Elle y porte aussitôt la main,
Et, par malheur, s'y fait une blessure.
Piquée au vif, la pauvrette soudain,
La rejette, et tout bas murmure.

L'instant d'après un coup de vent
  Ayant dérangé sa coiffure,
  Babet regrette vivement
Le petit dard, auteur de sa piqûre.
Son œil le cherche et sa main le reprend
  Pour attacher sa chevelure.
L'épingle, alors, lui dit avec douceur,
Ce peu de mots que Babet sait par cœur;
  Soit qu'on me montre ou qu'on me cache,
  Je suis utile à la beauté,
Et je puis dire, en prouvant ma bonté:
  « Je pique, mais j'attache. »

Le Fichu-Guimpe.

Air : Du pot de fleurs.

« Pourquoi toujours, amants et belles,
Disait le plus malin des dieux,
Quand seuls vous êtes infidèles,
De vos torts accuser mes yeux. »
Il vole au céleste hémisphère,
Et ne gardant que son flambeau,
Gaîment il fait de son bandeau
Un fichu-guimpe pour sa mère.

Dans les plis, qu'avec artifice
Il arrange sur ce beau sein,
Le fripon loge avec malice
Désir plus vif et doux larcin.
Venez, dit-il à la décence,
De Vénus voiler les appas;
Mais au plaisir il dit tout bas :
Frère, je double ta puissance.

Soit vertu, soit coquetterie,
Le fichu-guimpe est adopté;
Par l'Amour sa forme arrondie
Sert la pudeur et la beauté.
Vous dont l'ardeur trop téméraire
Sur ce voile mystérieux
Osa par fois baisser les yeux,
Sachez l'écarter et vous taire.

La Parure.

Air : Que n'avons-nous la verve heureuse !

Belles, voulez-vous sur vos traces
Fixer les volages amours,
D'un voile heureux ornez vos grâces,
Et vous nous séduirez toujours.
Les soins donnés à la parure
Embellissent encor vos traits;
Unissez l'art à la nature,
Vous ajoutez à vos attraits.

Vous disposez par un sourire
Des dignités et des emplois,
Vous n'avez qu'un seul mot à dire,
Et vos volontés sont des lois.
Vous faites pencher la balance
En faveur du faible ou du fort,
Dans vos yeux est votre éloquence :
Femme aimable n'a jamais tort.

Avec goût et coquetterie
Placez vos gazes, vos rubans,
La toilette à la plus jolie
Ajoute encor des agrémens.
L'art souvent vous fournit les armes
Qui rendent vos attraits vainqueurs,
Et la parure est à vos charmes
Ce que la rosée est aux fleurs.

La Coquette.

Air : En naissant promis à Thalie.

On m'accuse d'être coquette,
Parce que j'aime à me parer ;
Si j'approche d'une toilette,
On dit que c'est pour m'admirer.
Voyez-donc la bonne folie !
J'aime à consulter mon miroir,
Oui...... mais quelle femme jolie
N'a pas de plaisir à se voir ?

De mes grâces, de mon sourire,
Dans vingt cercles on est épris ;
Or, très-souvent je ne me mire
Qué pour voir comment je souris.
Vos yeux, me dit-on à la ronde,
Sont faits pour inspirer l'amour ;
Quand je les montre à tout le monde
Ne puis-je les voir à mon tour ?

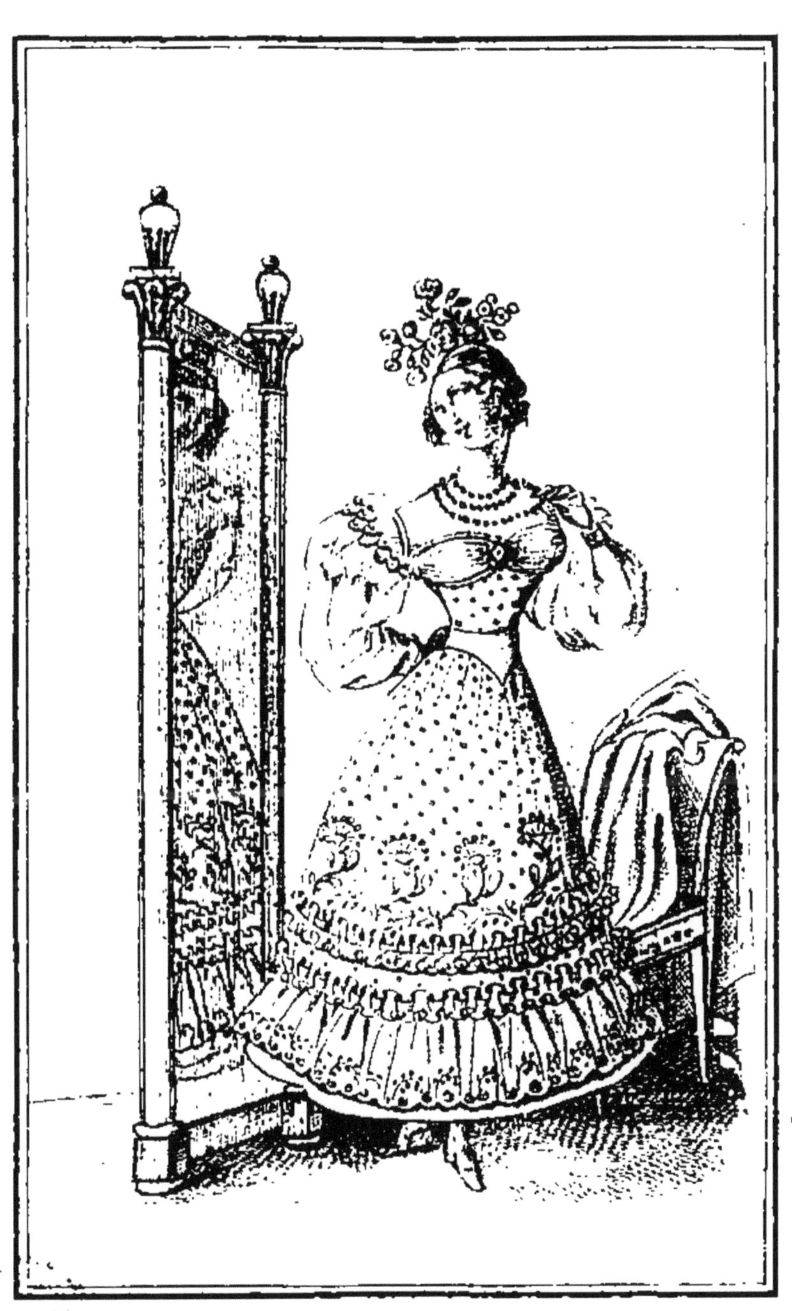

Sans ma glace que je contemple,
A quoi serviraient mes appas ?
Devinerais-je, par exemple,
Ce qui me sied, ne me sied pas.
Dorlis, si ton pinceau fidèle
D'un vrai succès chérit l'espoir;
Aux femmes offres un modèle....
Me voici devant mon miroir.

Décence de Vêtement.

Pour garder l'éclat du matin,
Le bouton se tient sous la feuille,
Tandis qu'en découvrant son sein
La rose pâlit et s'effeuille.
Ainsi se passe la fraîcheur
Du charme qu'au jour on expose;
Oter le voile à la pudeur,
N'est-ce pas effeuiller la rose ?

Les Ceintures.

A commencer par la ceinture de Vénus
combien d'éloges n'a pas inspirés cet orne
ment précieux! Le peintre qui représent
Hébé attend du charme de la ceinture, qui v
marquer la taille de la déesse , l'effet gra
cieux qui assurera l'effet de son tableau. L
poète, pour embellir les Grâces, se plaît
peindre la gaze légère qui vient ceindre l
contour voluptueux de leurs formes; l'ingé
nieux ciseau du sculpteur s'est étudié à de
siner, jusque dans les replis du marbre, l
ceinture magique qui doit fixer les draperie
onduleuses de la divinité qu'il va créer.

En remontant d'âge en âge, on trouv
partout cet usage des ceintures, que le c
price a su varier à l'infini. Les dames roma
nes se servaient de ceintures, soit pour r

lever leur robe, soit pour en fixer les plis de
manière à ce que le bas de la jambe fût à dé-
couvert. On regardait comme une négligence
outrée de n'avoir point de ceinture.

~~~~~~~~~~~~~~~~~~~~~~~~~~~~~~~~

Les Genoux.

Air : Lorsque vous verrez un amant.

Dans l'Olympe jadis les Dieux,
Dont on adorait la puissance,
Sur des genoux ronds et moëlleux
Étaient reçus à leur naissance ;
Mais quel plus gracieux tableau
Charme ici mon ame enivrée !
Dieu d'amour, ton premier berceau
Fut les genoux de Cythérée.
~~~~~~~~~~~~~~~~~~~~~~~~~~~~~~~~

Tout amant désire obtenir
Quelques faveurs de sa maîtresse ;
Mais quand il veut y parvenir
C'est à ses genoux qu'il s'adresse ;
Dans un bosquet, loin des jaloux,
A Floricour Lise est rebelle ;
Floricour tombe à ses genoux,
Lise a cessé d'être cruelle.

Où l'enfant peut-il être mieux
Que sur les genoux de sa mère ?
Toujours sémillant et joyeux,
C'est là surtout qu'il doit nous plaire.
Lorsque je vois un beau poupon
Sur les genoux de mon Adèle,
De la rose et de son bouton
Je crois voir l'image fidèle.

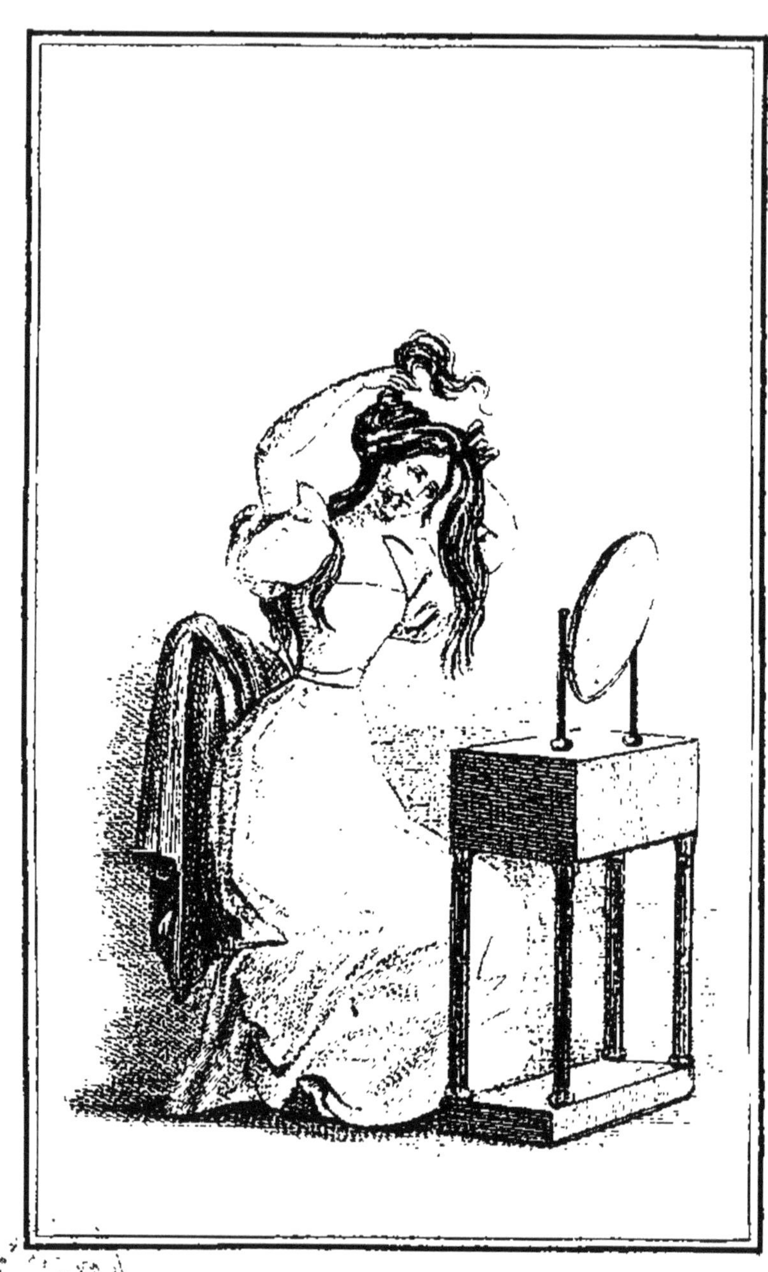

Les Cheveux.

Les cheveux sont le plus bel ornement
dont la nature ait pu décorer une jolie tête;
ils parent un beau front comme les feuilles
parent un bel arbre. Les poètes ont employé,
pour les célébrer, toutes les figures, toutes
les métaphores imaginables, et dans l'énumé-
ration des charmes de leurs belles, ils n'ou-
blient pas plus les cheveux d'or ou d'ébène
que les bouches de corail et les cols d'albâtre. Les cheveux jouent un grand rôle dans
les fastes de la galanterie, dans la fable et
dans l'histoire. Les offrandes de cheveux pas-
èrent, dans toutes les religions, pour un
sacrifice agréable à la Divinité.

Embellir ce que le ciel a fait de plus beau,
fut toujours les prétentions des hommes; les
femmes surtout ne se contentèrent pas de la

beauté naturelle de leurs cheveux, et, selon le temps, employèrent toutes les ressources de l'art pour en rehausser l'éclat. On les para d'abord de fleurs et de bandelettes, ensuite de pierres précieuses, de joyaux d'or et de brillantes étoffes; on les tressa avec élégance; et les femmes, reines du monde, s'en formèrent sur le front des diadèmes.

Autrefois les femmes se coiffaient avec un voile, parure non moins favorable à la coquetterie qu'à la pudeur. Des bonnets de toutes formes ornèrent, depuis, la tête des femmes, et furent remplacés par les chapeaux dont l'ampleur finit par laisser apercevoir à peine le bout de leur nez; on assure que cette mode fut inventée par les laides. Il est rare qu'une femme veuille paraître tout-à-fait ce qu'elle est; de là vient la manie de se faire teindre les cheveux. La blonde voulut paraître brune, et les cheveux ardens se changèrent en cheveux d'ébène.

Je n'ai parlé des cheveux que sous le rapport de la parure : ils sont aussi l'emblême du sentiment. Des héros se sont battus pour obtenir une boucle de cheveux ; les cheveux sont le gage des conquêtes amoureuses, gage emblêmatique de tendresse et de constance, que l'on a fort bien fait de choisir dans ce qu'il y a au monde de plus mobile et de plus léger.

Costume des Dames.

Au siècle passé, la sculpture
Trouvait à peine, au poids de l'or,
Des beautés qui de la nature
Lui dévoilassent le trésor.
Pour les arts on voit plus de zèle
Depuis qu'un nouveau jour a lui :
Il n'est point de belle aujourd'hui
Qui n'offre à nos yeux un modèle.

La Beauté.

AIR : Avec douceur on se repose.

Fard de Vénus, reine du monde,
La beauté, ce présent des cieux,
Par une blessure profonde
Captive le cœur et les yeux ;
On la voit, on soupire, on aime ;
L'homme tendrement agité,
A tout âge et malgré lui-même
Tombe aux genoux de la beauté.

Le ménestrel dans sa romance,
Chante l'attrait de son pouvoir;
De la beauté naît l'espérance :
On y songe avant de la voir.
L'amour qui sur son sein repose,
Sans elle n'eût point existé;
Lorsqu'on rend hommage à la rose,
C'est aux genoux de la beauté.

Le malheureux qui sur la terre,
Sans appui, se traîne exilé,
Si la beauté plaint sa misère,
Soudain se trouve consolé :
Sa voix, quand rien ne la déguise,
Parle à l'homme en divinité ;
Du captif la chaîne se brise,
En présence de la beauté.

Le plus rebelle devient tendre,
Dès qu'il lui plait de le changer :
Henri, près de sa Corisandre,
Redevenait un roi berger.
Par elle de notre voyage
Le désert se montre enchanté ;
L'amour, les arts, tous sont l'ouvrage,
Tous sont enfans de la beauté.

Le Miroir.

Air : La comédie est un miroir.

Du beau sexe heureux confident,
Toi, son ami discret, fidèle,
Miroir, tu sais donner souvent
Un nouveau charme à la plus belle.
D'amour, tu prépares les traits,
Des ans tu répares l'injure;
Quelquefois le bien que tu fais
Paraît un don de la nature.

Narcisse en fleur fut transformé,
Pour avoir dans une onde pure,
Vu ses traits, pour avoir aimé
Ses graces, surtout sa figure.
Ah! si pour aimer comme lui
Un pareil prodige s'opère,
De nos Narcisses aujourd'hui
Nous pouvons former un parterre.

Le printemps pour Églé s'enfuit,
Et son miroir le lui rappelle ;
Elle murmure, et de dépit
Brise le cristal trop fidèle ;
Mais, comme un ami maltraité,
Il instruit encor la coquette :
Il lui disait la vérité ;
Brisé, dix fois il la répète.

D'après ces différens effets,
Du miroir il faut faire usage ;
Sachons toujours voir les bienfaits
Dans celui qui grossit l'image.
Prenons le miroir qui réduit,
Pour voir ce qui nous inquiète ;
Mais pour l'objet qui nous séduit,
Prenons le miroir à facette.

La Danse.

Au signal enchanteur de la danse, le cri d'allégresse se fait entendre; le cœur de la jeunesse bat d'impatience et de joie; toutes les modes sont en mouvement, et s'empressent d'accourir au rendez-vous annoncé, pour y briller à l'envi les unes des autres.

Interprète des mouvemens les plus rapides de la pensée, des sentimens les plus secrets du cœur, la danse n'a pas eu besoin de la nouveauté pour fixer l'inconstance de la mode; toujours nouvelle malgré l'ancienneté de son origine, qui remonte au berceau de la création, elle jouira de la même prérogative tant que l'amour et la reconnaissance, qui ont guidé ses premiers pas sur la scène du monde, n'en seront point exilés.

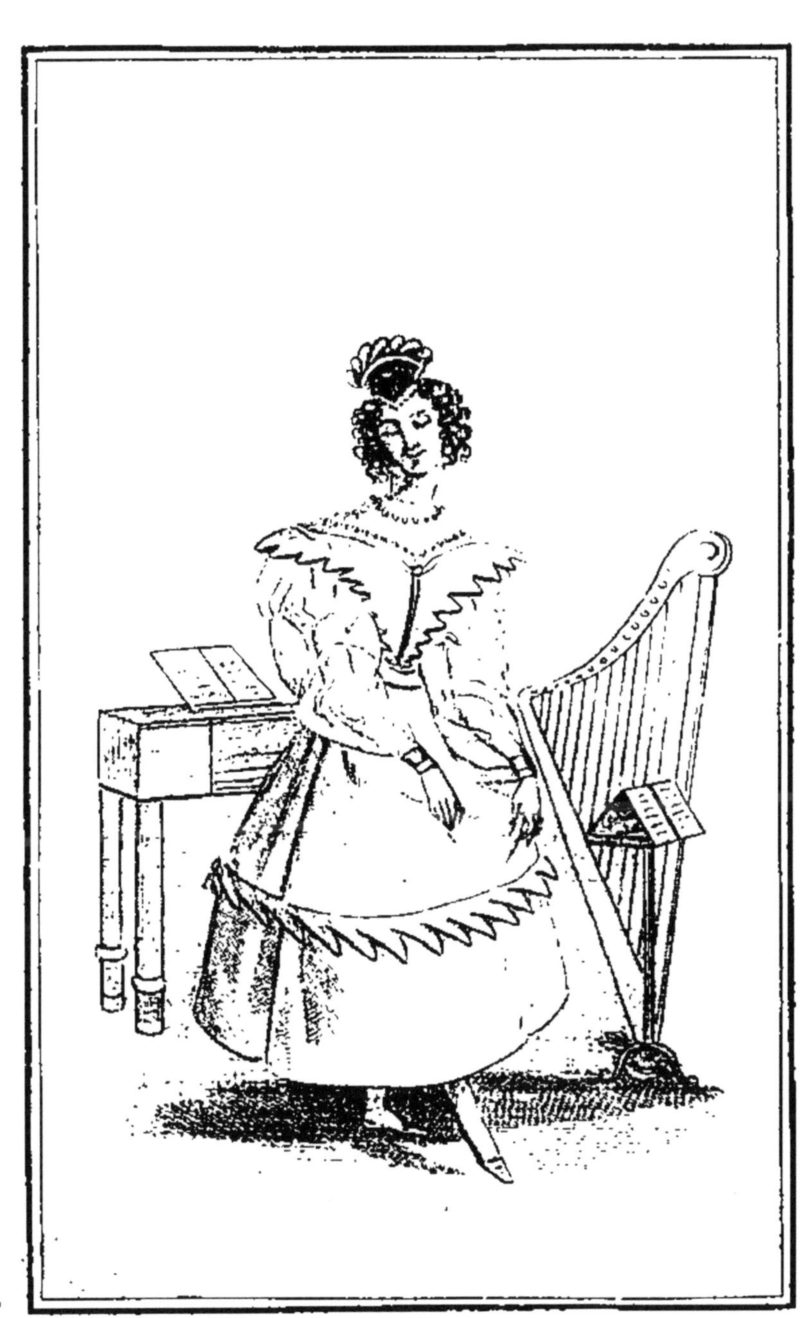

La première de toutes les danses fut la danse sacrée ; elle était de mode aux fêtes solennelles où elle était admise au son mélodieux des voix et des instrumens de musique, pour relever la pompe des cérémonies religieuses. La danse sacrée donna l'idée de celles que les fêtes publiques et les réjouissances particulières mirent à la mode à différentes époques. Dans toute la Grèce, on célébrait par des danses le retour du printemps ; les vierges et les adolescens, la tête couronnée de roses, le sein paré de fleurs nouvelles et vêtus à la légère, parcouraient les campagnes en formant des danses pastorales dans lesquelles ils peignaient l'innocence des premiers temps et les plaisirs de l'âge d'or.

Enveloppée dans les ténèbres de la barbarie qui couvrirent l'Europe jusqu'au quinzième siècle, la danse reparut en Italie pour embellir le berceau des arts renaissans à la voix de Côme de Médicis. Peu de temps après, elle vint ranimer la gaîté des Français; mais ils ne l'admirèrent, dans tout son éclat, que dans ces fêtes dont les apprêts furent commandés par toutes les fées réunies à Versailles. De la cour la danse monta sur le théâtre, pour offrir dans le ballet, par le mélange aimable du chant, de la musique instrumentale et de scènes courtes et piquantes, le spectacle le plus ravissant pour le plaisir des yeux et l'aliment le plus agréable pour les douces affections de l'ame. Répandue depuis dans les villes, elle devint la compagne inséparable de la mode, et porta ses pas jusques sous le chaume, qu'elle fit tressaillir au son du chalumeau. C'est dans le bal surtout que la danse, animée par la mélodie, enivre une jeune personne des plus aimables jouissances : outre le plaisir de se livrer aux mouvemens cadencés d'un exercice dont la nature lui fait un besoin, quel effet n'y produit pas sur son cœur la réunion de tous les

genres de gaîté, et plus encore tous ces re-
gards fixés sur elle, sur sa parure, avec le
sourire de la bienveillance.

Les Jarretières.

Dessous le jarret, coulé
Un nœud peint la ménagère ;
Avec elle rien à faire :
C'est son lin qu'elle a filé.
Nœud serré peint la danseuse ;
Nœud lâche, la paresseuse ;
On voit à la fastueuse
Nœud d'acier étincelant ;
A mainte prude mystique,
Un ressort bien élastique,
A coquette, un nœud coulant.

Origine du Ridicule.

Air : Fuyant et la ville et la cour.

De ce joli colifichet
L'usage introduit dans la France,
Du dieu de Cythère, en secret,
Seconde aujourd'hui la puissance.
L'amour enfermé dans son sein,
Sans cesse parmi nous circule,
Et l'on dit que dans ce dessein,
Il inventa le ridicule.

J'en connais de toutes couleurs
Et surtout d'étoffe légère;
J'en vois de diverses grandeurs,
Suivant le goût, le caractère.
Des femmes, ce bijou chéri
Partout se montre sans scrupule,
Et nulle épouse à son mari
N'ose prêter un ridicule.

Les Gants.

CETTE partie de l'ajustement des dames figure dans l'histoire galante des temps modernes. Aux siècles de la chevalerie, une jeune personne qui donnait son gant disait beaucoup sans parler. Gente demoiselle, touchée de l'empressement avec lequel Gérard de Nevers avait embrassé sa défense dans une circonstance des plus délicates, prit son gant gauche, le donna au chevalier en disant : « Sire, mon corps, ma vie, mes terres et mon honneur, je mets en la garde de Dieu et de vous ». Que de choses dans un gant !

Les chevaliers qui, comme les écrevisses, étaient armés de la tête aux pieds, et se trouvaient ainsi cuirassés du bout du nez jusqu'au bout des doigts, les chevaliers, dis-je, por-

taient des gants. Ces gants, revêtus à l'exté
rieur d'écailles de métal, étaient de vrais mai
lets de fer au bout du bras d'un Roland o
d'un Duguesclin. Le gant fut de même u
truchement dans les mœurs chevaleresque
Un paladin voulait-il porter un défi. Il l
suffisait de jeter son gant pour indiquer qu'
acceptait le combat.

Jeté du haut de l'échafaud, le gant d
Conradin représentait la souveraineté de
Sicile, que cet infortuné prince léguait à Pier
d'Aragon, qui releva le gant. Serait-ce à l'
mitation de ce trait qu'on fait aujourd'h
d'un gant le signe représentatif du droit qu'
prétend avoir sur une place dans nos spe
tacles.

La Toilette.

Que j'aime Lise à sa toilette !
Là, je ne vois qu'enchantement ;
Dans cette adorable retraite
J'éprouve un doux saisissement.
Du Dieu d'amour c'est la cachette,
Mais il me dit d'être discret
Ne trahissons pas le secret
    De sa toilette.

Voilà cette noble parure,
Ce chapeau, ce ruban, ces fleurs,
Qui feraient rougir la nature,
Si Lise n'avait leurs couleurs.
J'aperçois la plume et l'aigrette
Que l'art sait placer avec soin,
Et ce miroir, heureux témoin
    De sa toilette.

Je vois ce corset inutile
Fait pour captiver des attraits
Dont bientôt un tissu docile
Voudra nous dérober les traits ;
De Lise, sans être coquette,
Tout est divin dans les atours,
Car les Grâces veillent toujours
A sa toilette.

Les Bagues.

C'est une mode bien ancienne que celle des bagues et des anneaux ; elle remonte à l'origine du monde ; un anneau fut le seul ornement qu'Éve porta dans le paradis terrestre. Les Indiens portent des anneaux au nez et aux lèvres : ce qui doit les gêner un peu. Les Moluques en portent même au menton. Chez les Juifs, les oreilles percées étaient la marque

d'une servitude perpétuelle; chez les Péru-
viens, elles étaient la distinction particulière
d'un ordre de chevalerie. A la côte de Ma-
labar, les femmes de la caste des Nairs portent des pendans d'oreilles qui pèsent jusqu'à
deux livres.

Sénèque reproche aux dames romaines le
prix excessif qu'elles mettaient à cette parure; elles y consacraient en effet la valeur
du patrimoine de cinq à six familles. Les
femmes de Guzarate et les Bayadères met-
tent des anneaux à tous les doigts de leurs
pieds. L'anneau d'or fut, chez les premiers
Romains, une marque d'honneur réservée aux
chevaliers, aux sénateurs, aux tribuns. Plus
tard, la mode en devint générale, et l'abus
en fut porté au point que les hommes de
bonne compagnie avaient des bagues d'été et
des bagues d'hiver. Ces anneaux étaient vi-
des comme nos bagues à la chevalière, qui,
sous ce rapport, ressemblent beaucoup au

cerveau de ceux qui les portent. Dans les a
ciens tournois, l'anneau d'une dame, su
pendu au bout de la lice, était le prix que
disputaient les chevaliers; il fallait, à tou
course, l'enlever avec sa lance. L'anneau d
nos dames est encore le plus souvent le pri
de l'adresse.

Jadis on se fiançait en se donnant un an
neau. Les alliances conjugales étaient mi-pa
ties d'or et d'argent. Aujourd'hui la plupai
des alliances se font avec de l'or et n'en sor
pas plus durables.

Autrefois les bagues étaient simples, o
les ornait d'une devise; le luxe les a enrichie
de pierreries; un nom déjà cher se retien
mieux quand il est tracé en pierres pré
cieuses.

La Mode.

Air : De Lasthénie.

Que de peines pour se parer,
Chaque jour se donnent les belles !
Je vois changer, prendre, quitter
Tulles, linons, gazes, dentelles ;
Robe qui déplaît ce matin,
Hier encor paraît à merveille',
Et la mode du lendemain
N'est jamais celle de la veille.

Les Françaises soir et matin,
Sont rarement les mêmes femmes ;
Pour moi du jour au lendemain,
Je ne reconnais plus nos dames ;
Au cercle de Corinne, un soir
Chacune était Grecque ou Romaine ;
Le jour suivant j'allai la voir,
D'Anglaises la salle était pleine.

Mesdames, d'un luxe onéreux
Secouez le joug incommode;
Vous pouvez éblouir nos yeux
Sans le vain secours de la mode;
Fraîches comme la fleur des champs,
Soyez toujours simples comme elle,
Car, en tous lieux, dans tous les temps,
La plus modeste est la plus belle.

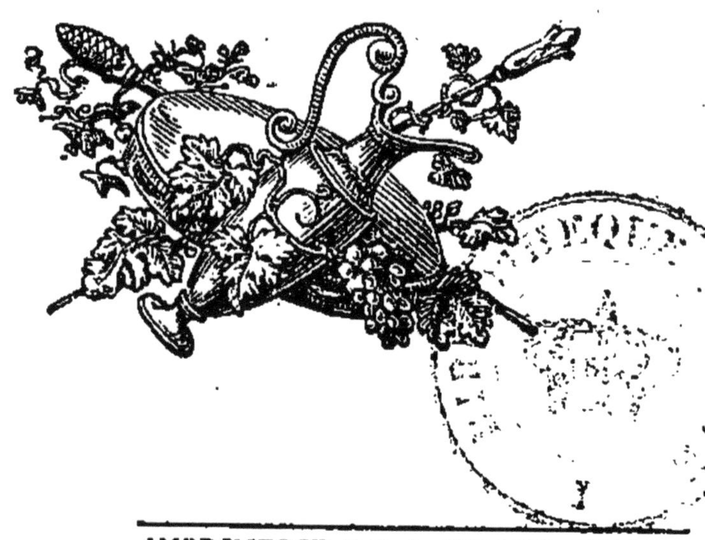

IMPRIMERIE DE A. FIRMIN DIDOT,
RUE JACOB, Nº 24.